CONGREGAÇÃO PARA A DOUTRINA DA FÉ

DECLARAÇÃO
DOMINUS IESUS

SOBRE A UNICIDADE E UNIVERSALIDADE SALVÍFICA
DE JESUS CRISTO E DA IGREJA

Direção-geral: *Maria Bernadete Boff*
Coordenação editorial: *Noemi Dariva*
Gerente de produção: *Felício Calegaro Neto*
Direção de arte: *Irma Cipriani*

7ª edição – 2009
3ª reimpressão – 2017

Nenhuma parte desta obra poderá ser reproduzida ou transmitida por qualquer forma e/ou quaisquer meios (eletrônico ou mecânico, incluindo fotocópia e gravação) ou arquivada em qualquer sistema ou banco de dados sem permissão escrita da Editora. Direitos reservados.

Paulinas

Rua Dona Inácia Uchoa, 62
04110-020 - São Paulo - SP (Brasil)
Tel.: (11) 2125-3500
http://www.paulinas.org.br - editora@paulinas.com.br
Telemarketing e SAC: 0800-7010081

© Pia Sociedade Filhas de São Paulo - São Paulo, 2000

INTRODUÇÃO

1. O *Senhor Jesus*, antes de subir ao Céu, confiou aos seus discípulos o mandato de anunciar o Evangelho a todo o mundo e de batizar todas as nações: "Ide a todo o mundo e pregai o Evangelho a todas as criaturas. Quem acreditar e for batizado será salvo, mas quem não acreditar será condenado" (Mc 16,15-16); "Todo o poder me foi dado no céu e na terra. Ide, pois, fazer discípulos de todas as nações, batizai-as em nome do Pai, e do Filho e do Espírito Santo e ensinai-lhes a cumprir tudo quanto vos mandei. E eu estou sempre convosco, até ao fim dos tempos" (Mt 28,18-20; cf. ainda Lc 24,46-48; Jo 17,18; 20,21; At 1,8).

A missão universal da Igreja nasce do mandato de Jesus Cristo e realiza-se, através dos séculos, com a proclamação do mistério de Deus, Pai, Filho e Espírito Santo, e do mistério da encarnação do Filho, como acontecimento de salvação para toda a humanidade. São estes os conteúdos fundamentais da profissão de fé cristã: "Creio em um só Deus, Pai todo-poderoso, Criador do céu e da terra, de todas as coisas visíveis e invisíveis. Creio em um só Senhor, Jesus Cristo, Filho Unigênito de Deus, nascido do Pai antes de todos os séculos: Deus de Deus, Luz da Luz, Deus verdadeiro de Deus verdadeiro; gerado, não criado, consubstancial ao Pai. Por ele todas as coisas foram feitas. E por nós, homens, e para nossa salvação desceu dos Céus. E se encarnou pelo Espírito Santo, no seio da Virgem Maria, e se fez homem. Também por nós foi crucificado sob Pôncio Pilatos; padeceu e foi sepultado. Ressuscitou ao terceiro dia, conforme as Escrituras; e subiu aos Céus, onde está sentado à direita do Pai. De novo há de vir em sua glória, para julgar os vivos e os mortos; e o seu Reino não terá fim. Creio no Espírito Santo, Senhor que dá a vida, e procede do Pai. Com o Pai e o Filho é adorado e glorificado: ele que falou pelos profetas. Creio na Igreja una, santa, católica e apostólica. Professo um só batismo para a remissão dos pecados. E espero a ressurreição dos mortos, e a vida do mundo que há de vir".[1]

2. A Igreja, ao longo dos séculos, proclamou e testemunhou com fidelidade o Evangelho de Jesus. Ao terminar o segundo milênio, porém, esta missão ainda está longe de se cumprir.[2] Daí a grande atualidade do grito do apóstolo Paulo sobre o dever missionário de todo batizado: "Anunciar o Evangelho não é para mim um título de glória, é uma obrigação que me foi imposta. Ai de mim se não anunciar o Evangelho!" (1Cor 9,16). Assim se explica a especial atenção que o Magistério tem posto na motivação e apoio da missão evangelizadora da Igreja, nomeadamente no que diz respeito às tradições religiosas do mundo.[3]

Tendo em conta os valores que essas tradições testemunham e oferecem à humanidade, com uma atitude aberta e positiva, a Declaração conciliar sobre a relação da Igreja

---

[1] CONC. DE CONSTANTINOPLA I, *Symbolum Constantinopolitanum*: DENZ., n. 150.

[2] Cf. JOÃO PAULO II, Carta Enc. *Redemptoris missio*, n. 1: *AAS* 83 (1991) 249-340.

[3] Cf. CONC. VATICANO II, Decr. *Ad gentes* e Decl. *Nostra aetate*; cf. ainda PAULO VI, Exort. Apost. *Evangelii nuntiandi*: AAS 68 (1976) 5-76; João Paulo II, Carta Enc. *Redemptoris missio*.

com as religiões não-cristãs afirma: "A Igreja Católica não rejeita absolutamente nada daquilo que há de verdadeiro e santo nessas religiões. Considera com sincero respeito esses modos de agir e de viver, esses preceitos e doutrinas que, embora em muitos pontos estejam em discordância com aquilo que ela afirma e ensina, muitas vezes refletem um raio daquela Verdade que ilumina todos os homens".[4] Prosseguindo na mesma linha, o empenho eclesial de anunciar Jesus Cristo, "caminho, verdade e vida" (Jo 14,6), hoje também encontra ajuda na prática do diálogo inter-religioso, que certamente não substitui, mas acompanha a *missio ad gentes*, graças àquele "mistério de unidade", de que "resulta que todos os homens e mulheres que foram salvos participam, embora de maneira diferente, do mesmo mistério de salvação em Jesus Cristo por meio do seu Espírito".[5] Este diálogo, que faz parte da missão evangelizadora da Igreja,[6] comporta uma atitude de compreensão e uma relação de recíproco conhecimento e de mútuo enriquecimento, na obediência à verdade e no respeito da liberdade.[7]

3. No exercício e aprofundamento teórico do diálogo entre a fé cristã e as demais tradições religiosas surgem novos problemas, que se tenta solucionar, seguindo novas pistas de investigação, adiantando propostas e sugerindo comportamentos, que carecem de um cuidadoso discerni-

---

[4] CONC. VATICANO II, Decl. *Nostra aetate*, n. 2.
[5] PONT. CONS. PARA O DIÁLOGO INTER-RELIGIOSO E CONGR. PARA A EVANGELIZAÇÃO DOS POVOS, Instr. *Diálogo e anúncio*, n. 29: *AAS* 84 (1992) 414-446; cf. CONC. VATICANO II, Const. Past. *Gaudium et spes*, n. 22.
[6] Cf. JOÃO PAULO II, Carta Enc. *Redemptoris missio*, n. 55.
[7] Cf. PONT. CONS. PARA O DIÁLOGO INTER-RELIGIOSO E CONGR. PARA A EVANGELIZAÇÃO DOS POVOS, Instr. *Diálogo e anúncio,* n. 9.

mento. Neste esforço, a presente Declaração entende recordar aos bispos, aos teólogos e a todos os fiéis católicos alguns conteúdos doutrinais imprescindíveis, que podem ajudar a reflexão teológica a amadurecer soluções de acordo com o dado da fé e em correspondência com as urgências culturais do nosso tempo.

A linguagem expositiva da Declaração está em linha com a sua finalidade. Não se pretende tratar de forma orgânica a problemática da unicidade e universalidade salvífica do mistério de Jesus Cristo e da Igreja, nem apresentar soluções aos problemas e questões teológicos que são objeto de livre debate, mas voltar a expor a doutrina da fé católica em propósito, indicando, ao mesmo tempo, alguns problemas fundamentais que se mantêm abertos a ulteriores aprofundamentos, e confutar algumas posições errôneas ou ambíguas. É por isso que a Declaração retoma a doutrina contida nos anteriores documentos do Magistério, para reafirmar as verdades que constituem o patrimônio de fé da Igreja.

4. O perene anúncio missionário da Igreja é hoje posto em causa por teorias de índole relativista, que pretendem justificar o pluralismo religioso, não apenas *de facto*, mas também *de iure* (ou *de principio*). Daí que se considerem superadas, por exemplo, verdades como o caráter definitivo e completo da revelação de Jesus Cristo, a natureza da fé cristã em relação com a crença nas outras religiões, o caráter inspirado dos livros da Sagrada Escritura, a unidade pessoal entre o Verbo eterno e Jesus de Nazaré, a unidade da economia do Verbo Encarnado e do Espírito Santo, a unicidade e universalidade salvífica do mistério de Jesus Cristo, a mediação salvífica universal da Igreja, a não-separação, embora com distinção, do

Reino de Deus, Reino de Cristo e Igreja, a subsistência na Igreja Católica da única Igreja de Cristo.

Na raiz destas afirmações encontram-se certos pressupostos, de natureza tanto filosófica como teológica, que dificultam a compreensão e a aceitação da verdade revelada. Alguns podem ser indicados: a convicção de não se poder alcançar nem exprimir a verdade divina, nem mesmo através da revelação cristã; uma atitude relativista perante a verdade, segundo a qual, o que é verdadeiro para alguns não o é para outros; a contraposição radical que se põe entre a mentalidade lógica ocidental e a mentalidade simbólica oriental; o subjetivismo de quem, considerando a razão como única fonte de conhecimento, se sente "incapaz de levantar o olhar para o alto e de ousar atingir a verdade do ser";[8] a dificuldade de ver e aceitar na história a presença de acontecimentos definitivos e escatológicos; o vazio metafísico do evento da encarnação histórica do Logos eterno, reduzido a um simples aparecer de Deus na história; o ecletismo de quem, na investigação teológica, toma idéias provenientes de diferentes contextos filosóficos e religiosos, sem se importar da sua coerência e conexão sistemática, nem da sua compatibilidade com a verdade cristã; a tendência, enfim, a ler e interpretar a Sagrada Escritura à margem da tradição e do Magistério da Igreja.

Na base destes pressupostos, que se apresentam com matizes diferentes, por vezes como afirmações e outras vezes como hipóteses, elaboram-se propostas teológicas, em que a revelação cristã e o mistério de Jesus Cristo e da Igreja perdem o seu caráter de verdade absoluta e de universalidade salvífica, ou ao menos se projeta sobre elas uma sombra de dúvida e de insegurança.

---

[8] João Paulo II, Carta Enc. *Fides et ratio*, n. 5: *AAS* 91 (1999) 5-88.

I. O CARÁTER PLENO E DEFINITIVO DA REVELAÇÃO DE JESUS CRISTO

5. Para fazer frente a essa mentalidade relativista, que se vai difundindo cada vez mais, há que reafirmar, antes de mais, o caráter definitivo e completo da revelação de Jesus Cristo. Deve, de fato, *crer-se firmemente* na afirmação de que no mistério de Jesus Cristo, Filho de Deus Encarnado, que é "o caminho, a verdade e a vida" (cf. Jo 14,6), dá-se a revelação da plenitude da verdade divina: "Ninguém conhece o Filho senão o Pai e ninguém conhece o Pai senão o Filho e aquele a quem o Filho o queira revelar" (Mt 11,27); "A Deus, ninguém jamais o viu. O próprio Filho Único, que está no seio do Pai, é que o deu a conhecer" (Jo 1,18); "É em Cristo que habita corporalmente toda a plenitude da divindade e nele participais da sua plenitude" (Cl 2,9).

Fiel à palavra de Deus, o Concílio Vaticano II ensina: "A verdade profunda, tanto a respeito de Deus como da salvação dos homens, manifesta-se-nos por esta revelação na pessoa de Cristo, que é simultaneamente o mediador e a plenitude de toda a revelação".[9] E sublinha: "Jesus Cristo, portanto, Verbo Encarnado, enviado como "homem aos homens", "fala as palavras de Deus" (Jo 3,34) e consuma a obra da salvação que o Pai lhe confiou (cf. Jo 5,36; 17,4). Por isso, ele – ao qual quem vê, vê o Pai (Jo 14,9) – com a sua total presença e manifestação pes-

---

[9] CONC. VATICANO II, Const. Dogm. *Dei verbum*, n. 2.

soal, com as palavras e as obras, com os sinais e com os milagres e, sobretudo, com a sua morte e gloriosa ressurreição de entre os mortos, enfim, com o envio do espírito de Verdade, completa perfeitamente a revelação e a confirma com o seu testemunho divino [...]. A economia cristã, portanto, como nova e definitiva aliança, jamais passará, e não mais se deve esperar nova revelação pública antes da gloriosa manifestação de Nosso Senhor Jesus Cristo" (cf. 1Tm 6,14 e Tt 2,13).[10]

Por isso, a Encíclica *Redemptoris missio* relembra à Igreja a missão de proclamar o Evangelho, como plenitude da verdade: "Nesta Palavra definitiva da sua revelação, Deus deu-se a conhecer do modo mais pleno: Ele disse à humanidade quem é. E esta auto-revelação definitiva de Deus é o motivo fundamental pelo qual a Igreja é, por sua natureza, missionária. Não pode deixar de proclamar o Evangelho, ou seja, a plenitude da verdade que Deus nos deu a conhecer acerca de si mesmo".[11] Só a revelação de Jesus Cristo, portanto, "introduz na nossa história uma verdade universal e última, que leva a mente do homem a nunca mais se deter".[12]

6. É, por conseguinte, contrária à fé da Igreja a tese que defende o caráter limitado, incompleto e imperfeito da revelação de Jesus Cristo, que seria complementar da que é presente nas outras religiões. A razão de fundo de uma tal afirmação basear-se-ia no fato de a verdade sobre Deus não poder ser compreendida nem expressa na sua globali-

---

[10] *Ibid.*, n. 4.
[11] João Paulo II, Carta Enc. *Redemptoris missio*, n. 5.
[12] João Paulo II, Carta Enc. *Fides et ratio*, n. 14.

dade e inteireza por nenhuma religião histórica e, portanto, nem pelo cristianismo e nem sequer por Jesus Cristo.

Semelhante posição está em total contradição com as precedentes afirmações de fé, segundo as quais, temos em Jesus Cristo a revelação plena e completa do mistério salvífico de Deus. Portanto, as palavras, as obras e o inteiro fato histórico de Jesus, se bem que limitados enquanto realidades humanas, têm, todavia, como sujeito a Pessoa divina do Verbo Encarnado, "verdadeiro Deus e verdadeiro homem",[13] e assim comportam o caráter definitivo e completo da revelação dos caminhos salvíficos de Deus, embora a profundidade do mistério divino em si mesmo permaneça transcendente e inesgotável. A verdade sobre Deus não é abolida nem diminuída pelo fato que é proferida numa linguagem humana. É, ao invés, única, plena e completa, porque quem fala e atua é o Filho de Deus Encarnado. Daí a exigência da fé em se professar que o Verbo feito carne é, em todo o seu mistério que vai da encarnação à glorificação, a fonte, participada mas real, e a consumação de toda a revelação salvífica de Deus à humanidade,[14] e que o Espírito Santo, que é o Espírito de Cristo, ensinará aos Apóstolos e, por meio deles, à Igreja inteira de todos os tempos, esta "verdade total" (Jo 16,13).

7. A melhor resposta à revelação de Deus é a *"obediência da fé* (Rm 1,5; cf. Rm 16,26; 2Cor 10,5-6), com a qual o homem se entrega livre e totalmente a Deus, oferecendo a Deus "revelador a submissão plena da inteligên-

---

[13] CONC. DE CALCEDÔNIA, *Symbolum Chalcedonense*: DENZ., n. 301. Cf. STO. ATANÁSIO DE ALEXANDRIA, *De Incarnatione*, 54, 3: *SC* 199, 458.

[14] Cf. CONC. VATICANO II, Const. Dogm. *Dei verbum*, n. 4.

cia e da vontade" e dando voluntariamente assentimento à revelação feita por ele".[15] A fé é um Dom da graça: "Porque para professar esta fé, é necessária a graça de Deus que previne e ajuda, e os outros auxílios internos do Espírito santo, o qual mova e converta para Deus os corações, abra os olhos da alma, e dê "a todos a suavidade no aderir e dar crédito à verdade".[16]

A obediência da fé comporta a aceitação da verdade da revelação de Cristo, garantida por Deus, que é a própria Verdade:[17] "A fé é, antes de mais, uma *adesão pessoal* do homem a Deus; ao mesmo tempo e inseparavelmente, é o *assentimento livre a toda a verdade que Deus revelou*".[18] A fé, portanto, "Dom de Deus" e "virtude sobrenatural por ele infundida",[19] comporta uma dupla adesão: a Deus, que revela, e à verdade revelada por ele, pela confiança que se tem na pessoa que o afirma. Por isso "não se deve acreditar em mais ninguém, a não ser em Deus, o Pai, o Filho e o Espírito Santo".[20]

Deve, portanto, *manter-se firmemente* a distinção entre a fé teologal e a crença nas outras religiões. Se fé é aceitar na graça a verdade revelada, "que permite penetrar no seio do mistério, favorecendo a sua inteligência coerente",[21] a crença nas outras religiões é o conjunto de experiência e pensamento, que constitui os tesouros hu-

---

[15] *Ibid.*, n. 5.
[16] *Ibid.*
[17] Cf. *Catecismo da Igreja Católica*, n. 144.
[18] *Ibid.*, n. 150.
[19] *Ibid.*, n. 153.
[20] *Ibid.*, n. 178.
[21] JOÃO PAULO II, Carta Enc. *Fides et ratio*, n. 13.

manos de sabedoria e de religiosidade, que o homem na sua procura da verdade ideou e pôs em prática em referência ao Divino e ao Absoluto.[22]

Nem sempre se tem presente essa distinção na reflexão hodierna, sendo freqüente identificar a fé teologal, que é aceitação da verdade revelada por Deus Uno e trino, com crença nas outras religiões, que é experiência religiosa ainda à procura da verdade absoluta e ainda carecida do assentimento a Deus que se revela. Essa é uma das razões porque se tende reduzir, e por vezes até anular, as diferenças entre o cristianismo e as outras religiões.

8. Existe também quem avance a hipótese do valor inspirado dos textos sagrados de outras religiões. Certamente deve admitir-se que alguns elementos presentes neles são de fato instrumentos, mediante os quais, multidões de pessoas puderam, através dos séculos, e podem ainda hoje alimentar e manter a sua relação religiosa com Deus. Por isso, o Concílio Vaticano II, referindo-se aos modos de agir, aos preceitos e doutrinas das outras religiões, afirma – como acima se recordou – que, "embora em muitos pontos estejam em discordância com aquilo que [a Igreja] afirma e ensina, muitas vezes refletem um raio daquela Verdade, que ilumina todos os homens".[23]

---

[22] Cf. *ibid.*, nn. 31-32.
[23] CONC. VATICANO II, Decl. *Nostra aetate*, n. 2. Cf. ainda CONC. VATICANO II, Decr. *Ad gentes*, n. 9, onde se fala de elementos de bem, presentes "nos usos e culturas particulares dos povos"; Const. Dogm. *Lumen gentium*, n. 16, onde se acena a elementos de bem e de verdade, presentes entre os não-cristãos, que podem ser considerados uma preparação para a aceitação do Evangelho.

A tradição da Igreja, porém, reserva o qualificativo de *textos inspirados* aos livros canônicos do Antigo e Novo testamento, enquanto inspirados pelo Espírito Santo.[24] Fiel a esta tradição, a Constituição dogmática sobre a divina Revelação do Concílio Vaticano II ensina: "Com efeito, a Santa Mãe Igreja, por fé apostólica, tem como sagrados e canônicos os livros inteiros do antigo e do Novo Testamento com todas as suas partes, porque escritos por inspiração do Espírito Santo (cf. Jo 20,31; 2Tm 3,16; 2Pdr 1,19-21; 3,15-16), têm Deus por autor e, como tais, foram confiados à própria Igreja".[25] Tais livros "ensinam com firmeza, com fidelidade e sem erro, a verdade que Deus, por causa da nossa salvação, quis consignar nas Sagradas Letras".[26]

Embora querendo congregar em Cristo todas as gentes e comunicar-lhes a plenitude da sua revelação e do seu amor, Deus não deixa de se tornar presente sob variadas formas "quer aos indivíduos, quer aos povos, através das suas riquezas espirituais, das quais a principal e essencial expressão são as religiões, mesmo se contêm 'lacunas, insuficiências e erros'".[27] Portanto, os livros sagrados das outras religiões, que sem dúvida alimentam e orientam a existência dos seus sequazes, recebem do mistério de Cristo os elementos de bondade e de graça neles presentes.

---

[24] Cf. CONC. DE TRENTO, *Decr. de libris sacris et de traditionibus recipiendis*: DENZ., n. 1501; CONC. VATICANO I, Const. Dogm. *Dei Filius*, cap. 2: DENZ., n. 3006.

[25] CONC. VATICANO II, Const. Dogm. *Dei verbum*, n. 11.

[26] *Ibid.*

[27] JOÃO PAULO II, Carta Enc. *Redemptoris missio*, n. 55. Cf. ainda n. 56. Cf. PAULO VI, Exort. Apost. *Evangelii nuntiandi*, n. 53.

II. O LOGOS ENCARNADO E O ESPÍRITO SANTO NA OBRA DA SALVAÇÃO

9. Na reflexão teológica contemporânea é freqüente fazer-se uma aproximação de Jesus de Nazaré, considerando-o uma figura histórica especial, finita e reveladora do divino de modo não exclusivo, mas complementar a outras presenças reveladoras e salvíficas. O Infinito, o Absoluto, o Mistério último de Deus manifestar-se-ia assim à humanidade de muitas formas e em muitas figuras históricas: Jesus de Nazaré seria uma delas. Mais concretamente, seria para alguns um dos tantos vultos que o Logos teria assumido no decorrer dos tempos para comunicar em termos de salvação com a humanidade.

Além disso, para justificar, de um lado, a universalidade da salvação cristã e, do outro, a fato do pluralismo religioso, há quem proponha uma economia do Verbo eterno, válida também fora da Igreja e sem relação com ela, e uma economia do Verbo Encarnado. A primeira teria um plus-valor de universalidade em relação à segunda, que seria limitada aos cristãos, se bem que com uma presença de Deus mais plena.

10. Semelhantes teses estão em profundo contraste com a fé cristã. Deve, de fato, *crer-se firmemente* na doutrina de fé que proclama que Jesus de Nazaré, filho de Maria, e só ele, é o Filho e o Verbo do Pai. O Verbo, que "estava

no princípio junto de Deus" (Jo 1,2), é o mesmo "que se fez carne" (Jo 1,14). Em Jesus "o Cristo, o Filho do Deus vivo" (Mt 16,16) "habita corporalmente toda a plenitude da divindade" (Cl 2,9). Ele é "o Filho unigênito, que está no seio do Pai" (Jo 1,18), o seu "Filho muito amado, no qual temos a redenção [...]. Aprouve a Deus que nele residisse toda a plenitude e por ele fossem reconciliadas consigo todas as coisas, estabelecendo a paz, pelo sangue da sua cruz, com todas as criaturas na terra e nos céus" (Cl 1,13-14.19-20).

Fiel à Sagrada Escritura e refutando interpretações errôneas e redutivas, o primeiro Concílio de Nicéia definiu solenemente a própria fé em "Jesus Cristo, o Filho de Deus, gerado unigênito do Pai, ou seja, da substância do Pai; Deus de Deus, luz da luz, Deus verdadeiro de Deus verdadeiro; gerado, não criado, consubstancial ao Pai, por meio do qual foram criadas todas as coisas do céu e da terra. Por nós homens e pela nossa salvação, desceu do céu, encarnou e se fez homem, sofreu e ressuscitou ao terceiro dia, voltou a subir ao céu, donde virá para julgar os vivos e os mortos".[28] Seguindo os ensinamentos dos Padres, também o Concílio de Calcedônia professou "que o único e idêntico Filho, nosso Senhor Jesus Cristo, é ele mesmo perfeito em divindade e perfeito em humanidade, verdadeiramente Deus e verdadeiramente homem [...], consubstancial ao Pai segundo a divindade e consubstancial a nós segundo a humanidade [...]; gerado do Pai antes dos séculos segundo a divindade e, nos últimos dias, ele mesmo por nós e pela nossa salvação, de Maria, a virgem Mãe de Deus, segundo a humanidade".[29]

---

[28] CONC. DE NICÉIA I, *Symbolum Nicaenum*: DENZ., n. 125.
[29] CONC. DE CALCEDÔNIA, *Symbolum Chalcedonense*: DENZ., n. 301.

Por isso, o Concílio Vaticano II afirma que Cristo, "novo Adão", "imagem de Deus invisível" (Cl 1,15), "é o homem perfeito, que restituiu à descendência de Adão a semelhança divina, deformada desde o primeiro pecado [...]. Cordeiro inocente, pelo seu sangue voluntariamente derramado, mereceu-nos a vida e nele Deus nos reconciliou consigo e conosco, libertando-nos da escravidão do diabo e do pecado, de tal sorte que cada um pode dizer com o Apóstolo: o Filho de Deus "amou-me e entregou-se a si mesmo por mim" (Gl 2,20).[30]

A esse respeito, João Paulo II declarou explicitamente: "É contrário à fé cristã introduzir qualquer separação entre o Verbo e Jesus Cristo [...]: Jesus é o Verbo Encarnado, pessoa una e indivisa [...]. Cristo não é diferente de Jesus de Nazaré; e este é o Verbo de Deus, feito homem para a salvação de todos [...]. À medida que formos descobrindo e valorizando os diversos tipos de dons, e sobretudo as riquezas espirituais, que Deus distribuiu a cada povo, não podemos separá-los de Jesus Cristo, o qual está no centro da economia salvadora".[31]

É igualmente contra a fé católica introduzir uma separação entre a ação salvífica do Logos, enquanto tal, e a do Verbo feito carne. Com a encarnação, todas as ações salvíficas do Verbo de Deus fazem-se sempre em unidade com a natureza humana, que ele assumiu para a salvação de todos os homens. O único sujeito que opera nas duas naturezas – humana e divina – é a única pessoa do Verbo.[32]

---

[30] CONC. VATICANO II, Const. Past. *Gaudium et spes*, n. 22.
[31] JOÃO PAULO II, Carta Enc. *Redemptoris missio*, n. 6.
[32] Cf. S. LEÃO MAGNO, *Tomus ad Flavianum*: DENZ., n. 294.

Portanto, não é compatível com a doutrina da Igreja a teoria que atribui uma atividade salvífica ao Logos como tal na sua divindade, que se realizasse "à margem" e "para além" da humanidade de Cristo, também depois da encarnação.[33]

11. Do mesmo modo, deve *crer-se firmemente* na doutrina de fé sobre a unicidade da economia salvífica querida por Deus Uno e Trino, em cuja fonte e em cujo centro se encontra o mistério da encarnação do Verbo, mediador da graça divina no plano da criação e da redenção (cf. Cl 1,15-20), "recapitulador de todas as coisas" (cf. Ef 1,10), "tornado para nós justiça, santificação e redenção" (1Cor 1,30). De fato, o mistério de Cristo tem sua unidade intrínseca, que vai da eleição eterna em Deus até à parusia: "Nele [o Pai] nos escolheu, antes da criação do mundo, para sermos, na caridade, santos e irrepreensíveis diante dele" (Ef 1,4); "Foi também nele que fomos feitos herdeiros, segundo os desígnios de quem tudo realiza conforme decide a sua vontade" (Ef 1,11); "Pois àqueles que de antemão conheceu, também os predestinou para serem conformes à imagem do seu Filho, a fim de que ele fosse o Primogênito de muitos irmãos. E aqueles que predestinou, também os chamou; àqueles que chamou, também os justificou; e, àqueles que justificou, também os glorificou" (Rm 8,29-30).

O Magistério da Igreja, fiel à revelação divina, afirma que Jesus Cristo é o mediador e o redentor universal: "O Verbo de Deus, por quem todas as coisas foram feitas,

---

[33] Cf. S. LEÃO MAGNO, *Litterae "Promisisse me memini" ad Leonem I imp.*: DENZ., n. 318: "In tantam unitatem ab ipso conceptu Virginis deitate et humanitate conserta, ut nec sine homine divina, nec sine Deo agerentur humana". Cf. ainda *ibid.*: DENZ., n. 317.

encarnou, a fim de, como homem perfeito, salvar todos os homens e recapitular todas as coisas. O Senhor [...] é aquele a quem o Pai ressuscitou dos mortos, exaltou e colocou à sua direita, constituindo-o juiz dos vivos e dos mortos".[34] Esta mediação salvífica implica também a unicidade do sacrifício redentor de Cristo, sumo e eterno Sacerdote (cf. Hb 6,20; 9,11; 10,12-14).

12. Há ainda quem sustente a hipótese de uma economia do Espírito Santo com um caráter mais universal que a do Verbo Encarnado, crucificado e ressuscitado. Também essa afirmação é contrária à fé católica, que, ao contrário, considera a encarnação salvífica do Verbo um acontecimento trinitário. No Novo Testamento o mistério de Jesus, Verbo Encarnado, constitui o lugar da presença do Espírito Santo e o princípio da sua efusão na humanidade, não só nos tempos messiânicos (cf. At 2,32-36; Jo 7,39; 20,22; 1Cor 15,45), mas também nos que precederam a sua entrada na história (cf. 1Cor 10,4; 1Pdr 1,10-12).

O Concílio Vaticano II repropôs à consciência da fé da Igreja essa verdade fundamental. Ao expor o plano salvífico do Pai sobre a humanidade inteira, o Concílio liga estreitamente, desde o princípio, o mistério de Cristo com o do Espírito.[35] Toda a obra de edificação da Igreja por parte de Jesus Cristo Cabeça, no decorrer dos séculos, é vista como uma realização que ele faz em comunhão com seu Espírito.[36]

---

[34] CONC. VATICANO II, Const. Past. *Gaudium et spes*, n. 45. Cf. ainda CONC. DE TRENTO, Decr. *De peccato originali*, n. 3: DENZ., n. 1513.

[35] Cf. CONC. VATICANO II, Const. Dogm. *Lumen gentium,* nn. 3-4.

[36] Cf. *ibid.*, n. 7. Cf. Sto. Ireneu, o qual afirmava que na Igreja "foi estabelecida a comunhão com Cristo, ou seja, com o Espírito Santo" (*Adversus Haereses* III, 24, 1: *SC* 211, 472).

Além disso, a ação salvífica de Jesus Cristo, com e pelo seu Espírito, estende-se, para além dos confins visíveis da Igreja, a toda a humanidade. Falando do mistério pascal, em que Cristo agora já associa vitalmente a si no Espírito o crente e lhe dá a esperança da ressurreição, o Concílio afirma: "E isto vale não apenas para aqueles que crêem em Cristo, mas para todos os homens de boa vontade, no coração dos quais, invisivelmente, opera a graça. Na verdade, se Cristo morreu por todos e a vocação última do homem é realmente uma só, a saber divina, nós devemos acreditar que o Espírito Santo oferece a todos, de um modo que só Deus conhece, a possibilidade de serem associados ao mistério pascal".[37]

É claro, portanto, o laço entre o mistério salvífico do Verbo Encarnado e o do Espírito, que mais não faz que atuar a influência salvífica do Filho feito homem na vida de todos os homens, chamados por Deus a uma única meta, quer tenham precedido historicamente o Verbo feito homem, quer vivam depois da sua vinda na história: de todos eles é animador o Espírito do Pai, que o Filho do homem doa com liberalidade (cf. Jo 3,34).

Por isso, o recente Magistério da Igreja recordou com firmeza e clareza a verdade de uma única economia divina: "A presença e ação do Espírito não atingem apenas os indivíduos, mas também a sociedade e a história, os povos, as culturas, as religiões [...]. Cristo ressuscitado, pela virtude do seu Espírito, atua já no coração dos homens [...]. É ainda o Espírito que infunde as "sementes do Verbo", presentes nos ritos e nas culturas, e as faz

---

[37] CONC. VATICANO II, Const. Past. *Gaudium et spes*, n. 22.

maturar em Cristo".[38] Embora reconhecendo a função histórico-salvífica do Espírito em todo o universo e na inteira história da humanidade,[39] o Magistério, todavia afirma: "Este Espírito é o mesmo que operou na encarnação, na vida, morte e ressurreição de Jesus e opera na Igreja. Não é, portanto, alternativo a Cristo, nem preenche uma espécie de vazio, como por vezes se julga que exista entre Cristo e o Logos. O que o Espírito realiza no coração dos homens e na história dos povos, nas culturas e religiões, assume um papel de preparação evangélica e não pode deixar de referir-se a Cristo, Verbo feito carne pela ação do espírito, "a fim de, como Homem perfeito, salvar todos os homens e recapitular em si todas as coisas".[40]

Concluindo, a ação do Espírito não se coloca fora ou ao lado da de Cristo. Trata-se de uma única economia salvífica de Deus Uno e Trino, realizada no mistério da encarnação, morte e ressurreição do Filho de Deus, atuada com a cooperação do Espírito Santo e estendida, no seu alcance salvífico, à inteira humanidade e ao universo: "Os homens só poderão entrar em comunhão com Deus através de Cristo, e sob a ação do Espírito".[41]

---

[38] JOÃO PAULO II, Carta Enc. *Redemptoris missio*, n. 28. Quanto às "sementes do Verbo" cf. ainda S. Justino, 2 *Apologia* 8,1-2; 10,1-3; 13,3-6: ed. E. J. Goodspeed, pp. 84; 85; 88-89.
[39] Cf. *ibid.*, nn. 28-29.
[40] *Ibid.*, n. 29.
[41] *Ibid.*, n. 5.

III. UNICIDADE E UNIVERSALIDADE DO MISTÉRIO SALVÍFICO DE JESUS CRISTO

13. É igualmente freqüente a tese que nega a unicidade e a universalidade salvífica do mistério de Jesus Cristo. Tal posição não tem nenhum fundamento bíblico. Deve, ao invés, *crer-se firmemente*, como dado perene da fé da Igreja, a verdade de Jesus Cristo, Filho de Deus, Senhor e único salvador, que no seu evento de encarnação, morte e ressurreição realizou a história da salvação, a qual tem nele a sua plenitude e o seu centro.

Os testemunhos neo-testamentários afirmam-no claramente: "O Pai enviou o seu Filho como salvador do mundo" (1Jo 4,14); "Eis o cordeiro de Deus, que tira o pecado do mundo" (Jo 1,29). No seu discurso perante o sinédrio, Pedro, para justificar a cura do homem que era aleijado desde o nascimento, cura realizada em nome de Jesus (cf. At 3,1-8), proclama: "E não há salvação em nenhum outro, pois não existe debaixo do Céu outro nome dado aos homens, pelo qual tenhamos de ser salvos" (At 4,12). O mesmo Apóstolo acrescenta ainda que Jesus Cristo "é o Senhor de todos"; "foi constituído por Deus juiz dos vivos e dos mortos"; pelo que "todo o que acredita nele recebe, pelo seu nome, a remissão dos pecados" (cf. At 10,36.42.43).

Paulo, dirigindo-se à comunidade de Corinto, escreve: "Porque, embora digam haver deuses no céu e na terra – na verdade são muitos esses deuses e esses senhores –, para nós há um só Deus: o Pai, de quem tudo procede e para o qual fomos criados; e há um só Senhor, Jesus Cristo, pelo qual tudo existe e pelo qual também nós existimos" (1Cor 8,5-6). Também o Apóstolo João afirma: "Deus amou de tal maneira o mundo que entregou o seu Filho único, para que todo homem que acredita nele não se perca, mas tenha a vida eterna. Pois Deus não enviou o seu Filho ao mundo para condenar o mundo, mas para este ser salvo por seu intermédio" (Jo 3,16-17). No Novo Testamento, a vontade salvífica universal de Deus está estritamente ligada à única mediação de Cristo: "[Deus] quer que todos os homens se salvem e cheguem ao conhecimento da verdade. Pois Deus é um só, e um só também o Mediador entre Deus e os homens: esse homem, que é o Cristo Jesus, que se entregou à morte para resgatar a todos" (1Tm 2,4-6).

É sobre esta consciência do dom de salvação único e universal dado pelo Pai por meio de Jesus Cristo no Espírito (cf. Ef 1,3-14), que os primeiros cristãos se dirigiram a Israel, mostrando que a salvação se alcançava para além da Lei, e enfrentaram o mundo pagão de então, que aspirava à salvação através de uma pluralidade de deuses salvadores. Este patrimônio de fé voltou a ser proposto pelo recente Magistério da Igreja: "A Igreja crê que Cristo, morto e ressuscitado por todos (cf. 2Cor 5,15), oferece à humanidade, pelo seu Espírito, luz e forças que lhe permitem corresponder à sua altíssima vocação. Ela crê que não há debaixo do céu outro nome dado aos homens pelo qual eles devam ser salvos (cf. At 4,12). Ela crê também que a chave, o centro e o fim de toda a história humana se encontram no seu Senhor e Mestre".[42]

---

[42] CONC. VATICANO II, Const. Past. *Gaudium et spes*, n. 10. Cf. Sto. Agostinho, que afirma que fora de Cristo, "caminho universal de

14. Deve, portanto, *crer-se firmemente* como verdade de fé católica que a vontade salvífica universal de Deus Uno e Trino é oferecida e realizada de uma vez para sempre no mistério da encarnação, morte e ressurreição do Filho de Deus.

Tendo presente este dado de fé, a teologia hoje, meditando na presença de outras experiências religiosas e no seu significado no plano salvífico de Deus, é convidada a explorar se e como também figuras e elementos positivos de outras religiões reentram no plano divino de salvação. Neste empenho de reflexão abre-se à investigação teológica um vasto campo de trabalho sob a guia do Magistério da Igreja. O Concílio Vaticano II, de fato, afirmou que "a única mediação do Redentor não exclui, antes suscita nas criaturas uma cooperação múltipla, que é participação na fonte única".[43] Há que aprofundar o conteúdo desta mediação participada, que deve ser todavia regulada pelo princípio da única mediação de Cristo: "Se não se excluem mediações participadas de diverso tipo e ordem, todavia elas recebem significado e valor *unicamente* da de Cristo, e não podem ser entendidas como paralelas ou complementares desta".[44] Seriam, ao invés, contrárias à fé cristã e católica as propostas de solução que apresentam uma ação salvífica de Deus fora da única mediação de Cristo.

---

salvação, que nunca faltou ao genêro humano, nunca ninguém foi libertado, ninguém é libertado, ninguém será libertado": *De Civitate Dei* 10, 32, 2: *CCl* 47, 312.

[43] Conc. Vaticano II, Const. Dogm. *Lumen gentium*, n. 62.
[44] João Paulo II, Carta Enc. *Redemptoris missio*, n. 5.

15. Não é raro que se proponha evitar na teologia termos como "unicidade", "universalidade", "absoluto", cujo uso daria a impressão de se dar uma ênfase excessiva ao significado e valor do evento salvífico de Jesus Cristo em relação às demais religiões. Ora, essa linguagem não faz mais que exprimir a fidelidade ao dado revelado, uma vez que constitui uma evolução das próprias fontes da fé. Desde o início, efetivamente, a comunidade dos crentes atribui a Jesus um valor salvífico de tal ordem, que apenas ele, como Filho de Deus feito homem, crucificado e ressuscitado, por missão recebida do Pai e no poder do Espírito Santo, tem por finalidade dar a revelação (cf. Mt 11,27) e a vida divina (cf. Jo 1,12; 5,25-26; 17,2) à humanidade inteira e a cada homem.

Neste sentido, pode e deve dizer-se que Jesus Cristo tem para o gênero humano e para a sua história um significado e um valor singulares e únicos, só a ele próprios, exclusivos, universais, absolutos. Jesus é, de fato, o Verbo de Deus feito homem para a salvação de todos. Recebendo esta consciência de fé, o Concílio Vaticano II ensina: "O Verbo de Deus, por quem todas as coisas foram feitas, se encarnou, a fim de, como homem perfeito, salvar a todos e recapitular todas as coisas. O Senhor é o fim da história humana, "o ponto para o qual tendem os desejos da história e da civilização", o centro da humanidade, a alegria de todos os corações e a plenitude das suas aspirações. É aquele a quem o Pai ressuscitou dos mortos, exaltou e colocou à sua direita, constituindo-o juiz dos vivos e dos mortos".[45] "Precisamente esta singu-

---

[45] CONC. VATICANO II, Const. Past. *Gaudium et spes*, n. 45. A necessária e absoluta singularidade e universalidade de Cristo na história humana é bem expressa por Sto. Ireneu quando contempla a

laridade única de Cristo é que lhe confere um significado absoluto e universal, pelo qual, enquanto está na História, é o centro e o fim desta mesma História: "Eu sou o Alfa e o Ómega, o Primeiro e o Último, o Princípio e o Fim" (Ap 22,13).[46]

---

proeminência de Jesus como Primogênito: "Nos céus, como primogênito do pensamento do Pai, o Verbo perfeito conduz pessoalmente todas as coisas e legisla; sobre a terra, como primogênito da Virgem, homem justo e santo, servo de Deus, bom e agradável a Deus, perfeito em tudo; enfim, salvando dos infernos todos os que o seguem, como primogênito dos mortos, é cabeça e fonte da vida de Deus" (*Demonstratio*, 39: *SC* 406, 138).

[46] JOÃO PAULO II, Carta Enc. *Redemptoris missio*, n. 6.

IV. UNICIDADE E UNIDADE DA IGREJA

16. O Senhor Jesus, único Salvador, não formou uma simples comunidade de discípulos, mas constituiu a Igreja como *mistério salvífico*: Ele mesmo está na Igreja e a Igreja nele (cf. Jo 15,1ss.; Gl 3,28; Ef 4,15-16; At 9,5); por isso, a plenitude do mistério salvífico de Cristo pertence também à Igreja, unida de modo inseparável ao seu Senhor. Jesus Cristo, com efeito, continua a estar presente e a operar a salvação na Igreja e através da Igreja (cf. Cl 1,24-27),[47] que é o seu Corpo (cf. 1Cor 12,12-13.27; Cl 1,18).[48] E, assim como a cabeça e os membros de um corpo vivo, embora não se identifiquem, são inseparáveis, Cristo e a Igreja não podem confundir-se nem mesmo separar-se, constituindo ao invés um único "Cristo total".[49] Uma tal inseparabilidade é expressa no Novo Testamento também com a analogia da Igreja *Esposa* de Cristo (cf. 2Cor 11,2; Ef 5,25-29; Ap 21,2.9).[50]

Assim, e em relação com a unicidade e universalidade da mediação salvífica de Jesus Cristo, deve *crer-se firmemente* como verdade de fé católica a unicidade da

---

[47] Cf. CONC. VATICANO II, Const. Dogm. *Lumen gentium*, n. 14.
[48] Cf. *ibid.*, n. 7.
[49] Cf. STO. AGOSTINHO, *Enarrat. in Psalmos*, Ps. 90, *Sermo* 2,1: *CCL* 39, 1266; S. GREGÓRIO MAGNO, *Moralia in Iob*, Praefatio, 6, 14; *PL* 75, 525; STO .TOMÁS DE AQUINO, *Summa Theologiae,* III, q. 48, [a] 2 ad 1.
[50] Cf. CONC. VATICANO II, Const. Dogm. *Lumen gentium*, n. 6.

Igreja por ele fundada. Como existe um só Cristo, também existe um só seu Corpo e uma só sua Esposa: "uma só Igreja católica e apostólica".[51] Por outro lado, as promessas do Senhor de nunca abandonar a sua Igreja (cf. Mt 16,18; 28,20) e de guiá-la com o seu Espírito (cf. Jo 16,13) comportam que, segundo a fé católica, a unicidade e unidade, bem como tudo o que concerne a integridade da Igreja, jamais virão a faltar.[52]

Os fiéis são *obrigados a professar* que existe uma continuidade histórica – radicada na sucessão apostólica[53] – entre a Igreja fundada por Cristo e a Igreja Católica: "Esta é a única Igreja de Cristo [...] que o nosso Salvador, depois da sua ressurreição, confiou a Pedro para apascentar (cf. Jo 21,17), encarregando-o a ele e aos demais Apóstolos de a difundirem e de a governarem (cf. Mt 28,18ss); levantando-a para sempre como coluna e esteio da verdade (cf. Tm 3,15). Esta Igreja, como sociedade constituída e organizada neste mundo, subsiste [*subsistit in*] na Igreja Católica, governada pelo Sucessor de Pedro e pelos Bispos em comunhão com ele".[54] Com a expressão "*subsistit in*", o Concílio Vaticano II quis harmonizar duas afirmações doutrinais: por um lado, a de que a Igreja de Cristo, não obstante as divisões dos cristãos, continua a existir

---

[51] *Simbolo da fé*: Denz., n. 48. Cf. Bonifácio VIII, Bula *Unam Sanctam*: Denz., n. 870-872; Conc. Vaticano II, Const. Dogm. *Lumen gentium*, n. 8.

[52] Cf. Conc. Vaticano II, Decr. *Unitatis redintegratio*, n. 4; João Paulo II, Carta Enc. *Ut unum sint*, n. 11: *AAS* 87 (1995) 921-982.

[53] Cf. Conc. Vaticano II, Const. Dogm. *Lumen gentium*, n. 20; cf. ainda Sto. Ireneu, *Adversus Haereses*, III, 3, 1-3: *SC* 211, 20-44; S. Cipriano, *Epist*. 33, 1: *CCL* 3B, 164-165; Sto .Agostinho, *Contra advers. Legis et prophet.*, 1, 20, 39: CCL 49, 70.

[54] Conc. Vaticano II, Const. Dogm. *Lumen gentium*, n. 8.

plenamente só na Igreja Católica e, por outro, a de que "existem numerosos elementos de santificação e de verdade fora da sua composição",[55] isto é, nas Igrejas e Comunidades eclesiais que ainda não vivem em plena comunhão com a Igreja Católica.[56] Acerca destas, porém, deve afirmar-se que "o seu valor deriva da mesma plenitude da graça e da verdade que foi confiada à Igreja Católica".[57]

17. Existe portanto uma única Igreja de Cristo, que subsiste na Igreja Católica, governada pelo Sucessor de Pedro e pelos Bispos em comunhão com ele.[58] As Igrejas que, embora não estando em perfeita comunhão com a Igreja Católica, se mantêm unidas a esta por vínculos estreitíssimos, como são a sucessão apostólica e uma válida Eucaristia, são verdadeiras Igrejas particulares.[59] Por

---

[55] *Ibid.,* cf. João Paulo II, Carta Enc. *Ut unum sint,* n. 13. Cons. Vaticano II, Const. Dogm. *Lumen gentium,* n. 15 e Decr. *Unitatis redintegratio,* n. 3.

[56] É, portanto, contrária ao significado autêntico do texto do Concílio a interpretação que leva a deduzir da fórmula *subsistit in* a tese, segundo a qual, a única Igreja de Cristo poderia também subsistir em Igrejas e Comunidades eclesiais não católicas. "O Concílio ao invés, adotou a palavra "subsistit" precisamente para esclarecer que existe uma só "subsistência" da verdadeira Igreja, ao passo que fora da sua composição visível existem apenas "elementa Ecclesiae", que – por serem elementos da própria Igreja – tendem e conduzem para a Igreja Católica" [Congr. Para a Doutrina da Fé, *Notificação sobre o volume "Igreja: carisma e poder"* de Leonardo Boff: AAS 77 (1985) 756-762].

[57] Conc. Vaticano II, Decr. *Unitatis redintegratio,* n. 3.

[58] Cf. Congr. Para a Doutrina da Fé, Decl. *Mysterium ecclesiae,* n. 1: AAS 65 (1973) 396-408.

[59] Cf. Conc. Vaticano II, Decr. *Unitatis redintegratio,* nn. 14 e 15; Congr. Para a Doutrina da fé, Carta *Communionis notio* n. 17: AAS 85 (1993) 838-850.

isso, também nestas Igrejas está presente e atua a Igreja de Cristo, embora lhes falte a plena comunhão com a Igreja católica, enquanto não aceitam a doutrina católica do Primado que, por vontade de Deus, o Bispo de Roma objetivamente tem e exerce sobre toda a Igreja.[60]

As Comunidades eclesiais, ao invés, que não conservaram um válido episcopado e a genuína e íntegra substância do mistério eucarístico,[61] não são Igrejas em sentido próprio. Os que, porém, foram batizados nestas Comunidades estão pelo Batismo incorporados em Cristo e, portanto, vivem numa certa comunhão, se bem que imperfeita, com a Igreja.[62] O Batismo, efetivamente, tende por si ao complexo desenvolvimento da vida em Cristo, através da íntegra profissão de fé, da Eucaristia e da plena comunhão na Igreja.[63]

"Os fiéis não podem, por conseguinte, imaginar a Igreja de Cristo como se fosse a soma – diferenciada e, de certo modo, também unitária – das Igrejas e Comunidades eclesiais; nem lhes é permitido pensar que a Igreja de Cristo hoje já não exista em parte alguma, tornando-se, assim, um mero objeto de procura por parte de todas as Igrejas e Comunidades".[64] "Os elementos desta Igreja já realizada existem, reunidos na sua plenitude, na Igreja Católica e, sem essa plenitude, nas demais Comunidades".[65] "Por isso, as próprias Igrejas e Comunidades sepa-

---

[60] Cf. CONC. VATICANO I, Const. dogm. *Pastor aeternus*: DENZ., n. 3053-3064; CONC. VATICANO II, Const. dogn. *Lumen gentium*, n. 22.

[61] Cf. CONC. VATICANO II, Decr. *Unitatis redintegratio*, n. 22.

[62] Cf. *ibid.*, n. 3.

[63] Cf. *ibid.*, n. 22.

[64] CONGR. PARA A DOUTRINA DA FÉ, Decl. *Mysterium ecclesiae*, n. 1.

[65] JOÃO PAULO II, Carta Enc. *Ut unum sint*, n. 14.

radas, embora pensemos que têm faltas, não se pode dizer que não tenham peso no mistério da salvação ou sejam vazias de significado, já que o Espírito se não recusa a servir-se delas como de instrumentos de salvação, cujo valor deriva da mesma plenitude da graça e da verdade que foi confiada à Igreja Católica".[66]

A falta de unidade entre os cristãos é certamente uma *ferida* para a Igreja; não no sentido de estar privada da sua unidade, mas "porque a divisão é um obstáculo à plena realização da sua universalidade na história".[67]

---

[66] Conc. Vaticano II, Decr. *Unitatis redintegratio*, n. 3.
[67] Congr. Para a Doutrina da Fé, Carta *Communionis notio*, n. 17. Cf. Conc. Vaticano II, Decr. *Unitatis redintegratio*, n. 4.

V. A IGREJA, REINO DE DEUS E REINO DE CRISTO

18. A missão da Igreja é a "de anunciar o Reino de Cristo e de Deus e de instaurá-lo entre todos os povos; desse Reino ela é na terra o germe e o início".[68] Por um lado, a Igreja é "sacramento, isto é, sinal e instrumento da íntima união com Deus e da unidade do gênero humano";[69] ela é, portanto, sinal e instrumento do Reino: chamada a anunciá-lo e a instaurá-lo. Por outro, a Igreja é o "povo reunido pela unidade do Pai, do Filho e do Espírito Santo";[70] ela é, portanto, "o Reino de Cristo já presente em mistério",[71] constituindo assim o seu *germe* e *início*. O reino de Deus tem, de fato, uma dimensão escatológica: é uma realidade presente no tempo, mas a sua plena realização dar-se-á apenas quando a história terminar ou se consumar.[72]

Dos textos bíblicos e dos testemunhos patrísticos, bem como dos documentos do Magistério da Igreja, não se tiram significados unívocos para as expressões *Reino*

---

[68] CONC. VATICANO II, Const. dogm. *Lumen gentium*, n. 5.
[69] *Ibid.*, n. 1.
[70] *Ibid.*, n. 4. Cf. S. CIPRIANO, *De Dominica oratione* 23: *CCL* 3/A, 105.
[71] CONC. VATICANO II, Const. dogm. *Lumen gentium*, n. 3.
[72] Cf. *ibid.*, n. 9. Cf. ainda a oração dirigida a Deus, que se lê na *Didaché* 9, 4: *SC* 248, 176: "A tua Igreja se reúna, dos confins da terra, no teu Reino", e *ibid.*, 10, 5: SC 248, 180: "Lembrate, Senhor, da tua Igreja...e, santificada, congrega-a dos quatro ventos no teu Reino, que para ela preparaste".

dos Céus, Reino de Deus e Reino de Cristo, nem para a relação das mesmas com a Igreja, sendo esta um mistério que não se pode encerrar totalmente num conceito humano. Podem existir, portanto, diversas explicações teológicas dessas expressões, mas nenhuma dessas possíveis explicações pode negar ou esvaziar de maneira nenhuma a conexão íntima entre Cristo, o Reino e a Igreja. Pois, "o Reino de Deus, que conhecemos pela Revelação não pode ser separado de Cristo nem da Igreja... Se separarmos o Reino, de Jesus, ficaremos sem o Reino de Deus, por ele pregado, acabando por se distorcer quer o sentido do Reino, que corre o risco de se transformar numa meta puramente humana ou ideológica, quer a identidade de Cristo, que deixa de aparecer como o Senhor, a quem tudo se deve submeter (cf. 1Cor 15,27). De igual modo, não podemos separar o Reino, da Igreja. Com certeza que esta não é fim em si própria, uma vez que se ordena ao Reino de Deus, do qual é princípio, sinal e instrumento. Mesmo sendo distinta de Cristo e do Reino, a Igreja todavia está unida indissoluvelmente a ambos".[73]

19. Afirmar a relação inseparável entre Igreja e Reino não significa porém esquecer que o Reino de Deus – mesmo considerado na sua fase histórica – não se identifica com a Igreja na sua realidade visível e social. Não se deve, de fato, excluir "a obra de Cristo e do Espírito fora

---

[73] João Paulo II, Carta Enc. *Redemptoris missio*, n. 18; cf. Exort. Apost. *Ecclesia in Asia*, n. 17: in "L'Osservatore Romano", 7-11-1999. O Reino é de tal modo inseparável de Cristo que, em certo sentido, identifica-se com ele (cf. Orígene, *In Mt. Hom.*, 14,7: *PG* 13, 1197; Tertuliano, *Adversus Marcionem*, IV, 33,8: CCL 1, 634).

dos confins visíveis da Igreja".[74] Daí que se deva também considerar que "o Reino diz respeito a todos: às pessoas, à sociedade, ao mundo inteiro. Trabalhar pelo Reino significa reconhecer e favorecer o dinamismo divino, que está presente na história humana e a transforma. Construir o Reino quer dizer trabalhar para a libertação do mal, sob todas as suas formas. Em resumo, o Reino de Deus é a manifestação e a atuação do seu desígnio de salvação, em toda a sua plenitude".[75]

Ao considerar as relações entre Reino de Deus, Reino de Cristo e Igreja hão de evitar-se sempre as acentuações unilaterais, como são as "concepções que propositadamente colocam o acento no Reino, auto-denominando-se de "reino-cêntricas", pretendendo com isso fazer ressaltar a imagem de uma Igreja que não pensa em si, mas dedica-se totalmente a testemunhar e servir o Reino. É uma "Igreja para os outros" – dizem – como Cristo é o "homem para os outros" [...]. Ao lado de aspectos positivos, essas concepções revelam freqüentemente outros negativos. Antes demais, silenciam o que se refere a Cristo: o Reino, de que falam, baseia-se num "teocentrismo", porque – como dizem – Cristo não pode ser entendido por quem não possui a fé nele, enquanto que povos, culturas e religiões se podem encontrar na mesma e única realidade divina, qualquer que seja o seu nome. Pela mesma razão, privilegiam o mistério da criação, que se reflete na variedade de culturas e crenças, mas omitem o mistério da redenção. Mais ainda, o Reino, tal como o

---
[74] JOÃO PAULO II, Carta Enc. *Redemptoris missio*, n. 18.
[75] *Ibid.*, n. 15.

entendem eles, acaba por marginalizar ou desvalorizar a Igreja, como reação a um suposto "eclesiocentrismo" do passado, por considerarem a Igreja apenas um sinal, aliás passível de ambigüidade".[76] Tais teses são contrárias à fé católica, por negarem a unicidade da relação de Cristo e da Igreja com o Reino de Deus.

---

[76] *Ibid.*, n. 17.

VI. A IGREJA E AS RELIGIÕES NO QUE CONCERNE À SALVAÇÃO

20. De quanto acima se recordou, resultam ainda alguns pontos necessários para o percurso que a reflexão teológica deve seguir no aprofundamento da relação da Igreja e das religiões com a salvação.

Antes de mais, deve *crer-se firmemente* que a "Igreja, peregrina na terra, é necessária para a salvação. Só Cristo é mediador e caminho de salvação; ora, ele torna-se-nos presente no seu Corpo que é a Igreja; e, ao inculcar por palavras explícitas a necessidade da fé e do Batismo (cf. Mc 16,16; Jo 3,5), corroborou ao mesmo tempo a necessidade da Igreja, na qual os homens entram pelo Batismo tal como por uma porta".[77] Esta doutrina não se contrapõe à vontade salvífica universal de Deus (cf. 1TM 2,4); daí "a necessidade de manter unidas estas duas verdades: a real possibilidade de salvação em Cristo para todos os homens, e a necessidade da Igreja para essa salvação".[78]

A Igreja é "sacramento universal da salvação",[79] porque, sempre unida de modo misterioso e subordinada a Jesus Cristo Salvador, sua Cabeça, tem no plano de Deus uma relação imprescindível com a salvação de cada

---

[77] CONC. VATICANO II, Const. Dogm. *Lumen gentium*, n. 14. Cf. Decr. *Ad gentes*, n. 7; Decr. *Unitatis redintegratio*, n. 3.

[78] JOÃO PAULO II, Carta Enc. *Redemptoris missio*, n. 9. Cf. *Catecismo da Igreja Católica*, nn. 846-847.

[79] CONC. VATICANO II, Const. Dogm. *Lumen gentium*, n. 48.

homem.[80] Para aqueles que não são formal e visivelmente membros da Igreja, "a salvação de Cristo torna-se acessível em virtude de uma graça que, embora dotada de uma misteriosa relação com a Igreja, todavia não os introduz formalmente nela, mas ilumina convenientemente a sua situação interior e ambiental. Esta graça provém de Cristo, é fruto do seu sacrifício e é comunicada pelo Espírito Santo".[81] Tem uma relação com a Igreja, que por sua vez "tem a sua origem na missão do Filho e na missão do Espírito Santo, segundo o desígnio de Deus Pai".[82]

21. Quanto ao *modo* como a graça salvífica de Deus, dada sempre através de Cristo no Espírito e em relação misteriosa com a Igreja, atinge os não-cristãos, o Concílio Vaticano II limitou-se a afirmar que Deus a dá "por caminhos só por ele conhecidos".[83] A teologia esforça-se por aprofundar a questão. Há que encorajar esse esforço teológico, que sem dúvida serve para aumentar a compreensão dos desígnios salvíficos de Deus e dos caminhos que os realizam. Todavia, de quanto acima foi dito sobre a meditação de Jesus Cristo e sobre a "relação única e singular"[84] que a Igreja tem com o Reino de Deus entre os homens – que é substancialmente o Reino de Cristo

---

[80] Cf. S. CIPRIANO, *De catholicae ecclesiae unitate*, 6: *CCL* 3, 253-254; STO. IRENEU, *Adversus Haereses*, III, 24, 1: *SC* 211, 472-474.

[81] JOÃO PAULO II, Carta Enc. *Redemptoris missio*, n. 10.

[82] CONC. VATICANO II, Decr. *Ad gentes*, n. 2. É no sentido aqui explicado que se deve interpretar a conhecida fórmula *extra Ecclesiam nullus omnino salvatur* (cf. CONC. LATERANENSE IV, Cap. 1. *De fide catholica*: DS 802). Cf. ainda *Carta do Santo Ofício ao Arcebispo de Boston*: DENZ., n. 3866-3872.

[83] CONC. VATICANO II, Decr. *Ad gentes*, n. 7.

[84] JOÃO PAULO II, Carta Enc. *Redemptoris missio*, n. 18.

Salvador universal –, seria obviamente contrário à fé católica considerar a Igreja como *um caminho* de salvação ao lado dos constituídos pelas outras religiões, como se estes fossem complementares à Igreja, ou até substancialmente equivalentes à mesma, embora convergindo com ela para o Reino escatológico de Deus.

Não há dúvida que as diversas tradições religiosas contêm e oferecem elementos de religiosidade, que procedem de Deus,[85] e que fazem parte de "quanto o Espírito opera no coração dos homens e na história dos povos, nas culturas e religiões".[86] Com efeito, algumas orações e ritos das outras religiões podem assumir um papel de preparação ao Evangelho, enquanto ocasiões ou pedagogias que estimulam os corações dos homens a se abrirem à ação de Deus.[87] Não se lhes pode porém atribuir a origem divina nem a eficácia salvífica *ex opere operato*, própria dos sacramentos cristãos.[88] Por outro lado, não se pode ignorar que certos ritos, enquanto dependentes da superstição ou de outros erros (cf. 1Cor 10,20-21), são mais propriamente um obstáculo à salvação.[89]

22. Com a vinda de Jesus Cristo Salvador, Deus quis que a Igreja por ele fundada fosse o instrumento de salva-

---

[85] São as sementes do Verbo divino (*semina Verbi*), que a Igreja reconhece com alegria e respeito (cf. Conc. Vaticano II, Decr. *Ad gentes*, n. 11; Decl. *Nostra aetate*, n. 2).

[86] João Paulo II, Carta Enc. *Redemptoris missio*, n. 29.

[87] Cf. *ibid.*; *Catecismo da Igreja Católica*, n. 843.

[88] Cf. Conc. De Trento, Decr. *De sacramentis*, cân. 8, *de sacramentis in genere*: Denz., n. 1608.

[89] Cf. João Paulo II, Carta Enc. *Redemptoris missio*, n. 55.

ção para *toda* a humanidade (cf. At 17,30-31).[90] Esta verdade de fé nada tira ao fato de a Igreja nutrir pelas religiões do mundo um sincero respeito, mas, ao mesmo tempo, exclui de forma radical a mentalidade indiferentista "imbuída de um relativismo religioso que leva a pensar que 'tanto vale uma religião'".[91] Se é verdade que os adeptos das outras religiões podem receber a graça divina, também é verdade que *objetivamente* se encontram numa situação gravemente deficitária, se comparada com a daqueles que na Igreja têm a plenitude dos meios de salvação.[92] Há que lembrar, todavia, "a todos os filhos da Igreja que a grandeza da sua condição não é para atribuir aos próprios méritos, mas a uma graça especial de Cristo; se não corresponderem a essa graça, por pensamentos, palavras e obras, em vez de se salvarem, incorrerão num juízo mais severo".[93] Compreende-se, portanto, que, em obediência ao mandato do Senhor (cf. Mt 28,19-20) e como exigência do amor para com todos os homens, a Igreja "anuncia e tem o dever de anunciar constantemente a Cristo, que é 'o caminho, a verdade e a vida' (Jo 14,6), no qual os homens encontram a plenitude da vida religiosa e no qual Deus reconciliou todas as coisas consigo".[94]

A missão *ad gentes*, também no diálogo inter-religioso, "mantém hoje, como sempre, a sua validade e ne-

---

[90] Cf. Conc. Vaticano II, Const. Dogm. *Lumen gentium*, n. 17; João Paulo II, carta Enc. *Redemptoris missio*, n. 11.
[91] João Paulo II, Carta Enc. *Redemptoris missio*, n. 36.
[92] Cf. Pio XII, Carta Enc. *Mystici corporis*, Denz., n. 3821.
[93] Conc. Vaticano II, Const. Dogm. *Lumen gentium*, n. 14.
[94] Conc. Vaticano II, Decl. *Nostra aetate*, n. 2.

cessidade".[95] Com efeito, "Deus 'quer que todos os homens se salvem e cheguem ao conhecimento da verdade' (1Tm 2,4): quer a salvação de todos através do conhecimento da verdade. A salvação encontra-se na verdade. Os que obedecem à moção do Espírito de verdade já se encontram no caminho da salvação; mas a Igreja, a quem foi confiada essa verdade, deve ir ao encontro do seu desejo e oferecer-lha. Precisamente porque acredita no plano universal de salvação, a Igreja deve ser missionária".[96] O diálogo, portanto, embora faça parte da missão evangelizadora, é apenas uma das ações da Igreja na sua missão *ad gentes*.[97] A paridade, que é um pressuposto do diálogo, refere-se à igual dignidade pessoal das partes, não aos conteúdos doutrinais e muito menos a Jesus Cristo – que é o próprio Deus feito Homem – em relação com os fundadores das outras religiões. A Igreja, com efeito, movida pela caridade e pelo respeito da liberdade,[98] deve empenhar-se, antes de mais, em anunciar a todos os homens a verdade, definitivamente revelada pelo Senhor, e em proclamar a necessidade da conversão a Jesus Cristo e da adesão à Igreja através do Batismo e dos outros sacramentos, para participar de modo pleno na comunhão com Deus Pai, Filho e Espírito Santo. Aliás, a certeza da vontade salvífica universal de Deus não diminui, antes aumenta, o dever e a urgência do anúncio da salvação e da conversão ao Senhor Jesus Cristo.

---

[95] CONC. VATICANO II, Decr. *Ad gentes*, n. 7.
[96] *Catecismo da Igreja Católica*, n. 851; cf. ainda nn. 849-856.
[97] Cf. JOÃO PAULO II, Carta Enc. *Redemptoris missio*, n. 55; Exort. Apost. *Ecclesia in Asia*, n. 31.
[98] Cf. CONC. VATICANO II, Decl. *Dignitatis humanae*, n. 1.

CONCLUSÃO

23. A presente Declaração, ao relembrar e esclarecer algumas verdades de fé, quis seguir o exemplo do apóstolo Paulo aos fiéis de Corinto: "Pois eu transmiti-vos em primeiro lugar o mesmo que havia recebido" (1Cor 15,3). Perante certas propostas problemáticas ou mesmo errôneas, a reflexão teológica é chamada a reconfirmar a fé da Igreja e a dar razão da sua esperança de forma convincente e eficaz.

Os Padres do Concílio Vaticano II, debruçando-se sobre o tema da verdadeira religião, afirmaram: "Acreditamos que esta única verdadeira religião se verifica na Igreja Católica e Apostólica, à qual o Senhor Jesus confiou a missão de difundir a todos os homens, dizendo aos Apóstolos: "Ide, pois, fazer discípulos de todas as nações, batizai-as em nome do Pai, do Filho e do Espírito Santo e ensinai-lhes a cumprir tudo quanto vos mandei" (Mt 28,19-20). Por sua vez, todos os homens estão obrigados a procurar a verdade, sobretudo no que se refere a Deus e à sua Igreja, e a abraçá-la e pô-la em prática, uma vez conhecida".[99]

A revelação de Cristo continuará a ser na história "a verdadeira estrela de orientação"[100] para toda a humanidade: "A Verdade, que é Cristo, impõe-se como autoridade universal".[101] O mistério cristão, com efeito, supera

---

[99] *Ibid.*
[100] Cf. JOÃO PAULO II, Carta Enc. *Fides et ratio*, n. 15.
[101] *Ibid.*, n. 92.

qualquer barreira de tempo e de espaço e realiza a unidade da família humana: "Dos mais diversos lugares e tradições, todos são chamados, em Cristo, a participar na unidade da família dos filhos de Deus [...]. Jesus abate os muros de divisão e realiza a unificação, de um modo original e supremo, por meio da participação no seu mistério. Esta unidade é tão profunda que a Igreja pode dizer com são Paulo: "Já não sois estrangeiros nem hóspedes, mas sois concidadãos dos santos e membros da família de Deus" (Ef 2,19).[102]

O Sumo Pontífice João Paulo II, na Audiência concedida a 16 de Junho de 2000, ao abaixo-assinado Cardeal Prefeito da Congregação para a Doutrina da Fé, com ciência certa e com a sua autoridade apostólica ratificou e confirmou esta Declaração, decidida em Sessão Plenária, e mandou que fosse publicada.

Dado em Roma, sede da Congregação para a Doutrina da Fé, 6 de Agosto 2000, Festa da Transfiguração do Senhor.

✠ JOSEPH CARD. RATZINGER
Prefeito

✠ TARCISIO BERTONE, S.D.B.
Arcebispo emérito de Vercelli
Secretário

---

[102] *Ibid.*, n. 70.

Impresso na gráfica da
Pia Sociedade Filhas de São Paulo
Via Raposo Tavares, km 19,145
05577-300 - São Paulo, SP - Brasil - 2017